Todos los libros de Linkgua Ediciones cuentan con modelos de Inteligencia Artificial entrenados por hispanistas. Pregúntale al chat de tu libro lo que desees acerca de la obra o su autor/a.

Para **ebooks:** Accede a nuestro modelo de IA a través de este enlace.

Para **libros impresos:** Escanea el código QR de la portada con tu dispositivo móvil.

Obtén análisis detallados de nuestros libros, resúmenes, respuestas a tus preguntas y accede a nuestras ediciones críticas generativas para una experiencia de lectura más enriquecedora.
La transparencia y el respeto hacia la autoría de las fuentes utilizadas son distintivos básicos de nuestro proyecto. Por ello, las respuestas ofrecen, mediante un sistema de citas, las fuentes con las que han sido elaboradas.

Autores varios

Constitución Española de 1856

No promulgada

Barcelona 2024
Linkgua-ediciones.com

Créditos

Título original: Constitución Española de 1856.

© 2024, Red ediciones S.L.

e-mail: info@linkgua.com

Diseño cubierta: Michel Mallard

ISBN NFT: 978-84-1126-930-8.
ISBN rústica ilustrada: 978-84-9007-199-1.
ISBN ebook: 978-84-9953-865-5.

Sumario

Constitución de la monarquía española[1]

---

1 Esta Constitución no llegó a regir en España, fue discutida y votada por las Cortes Constituyentes de 1854-56, y antes de llegar a promulgarse, se publicó el Real decreto de 15 de Septiembre de 1856, restableciendo la Constitución de 23 de Mayo de 1845.

Título primero. De la Nación y de los españoles

Artículo 1.º Todos los poderes públicos emanan de la Nación, en la que reside esencialmente la soberanía, y por lo mismo pertenece exclusivamente a la Nación el derecho de establecer sus leyes fundamentales.

Artículo 2.º Son españoles:

1.º Todas las personas nacidas en los dominios de España.

2.º Los hijos de padre o madre españoles, aunque hayan nacido fuera de España.

3.º Los extranjeros que hayan obtenido carta de naturaleza.

4.º Los que sin ella hayan ganado vecindad en cualquier pueblo de la Monarquía.

La calidad de español se pierde por adquirir naturaleza en país extranjero y por admitir empleo de otro Gobierno, sin licencia del Rey.

Artículo 3.º Todos los españoles pueden imprimir y publicar libremente sus ideas sin previa censura con sujeción a las leyes.

No se podrá secuestrar ningún impreso hasta después de haber empezado a circular.

La calificación de los delitos de imprenta corresponde a los jurados.

Artículo 4.º Todo español tiene derecho de dirigir peticiones por escrito a las Cortes y al Rey, como determinen las leyes.

Artículo 5.º Unos mismos Códigos regirán en toda la Monarquía, y en ellos no se establecerá más que un solo fuero para todos los españoles en los juicios comunes, civiles y criminales.

Artículo 6.º Todos los españoles son admisibles a los empleos y cargos públicos, según su mérito y capacidad. Para ninguna distinción ni empleo público se requiere la calidad de nobleza.

Artículo 7.º Todo español está obligado a defender la Patria con las armas cuando sea llamado por la ley, y a contribuir en proporción de sus haberes para los gastos del Estado.

Artículo 8.º No puede ser detenido ni preso, ni separado de su domicilio ningún español, ni allanada su casa sino en los casos y en la forma que las leyes prescriban. Los que contravinieren a esta disposición, como autores o cómplices, además de las penas que se les impongan por infracción de la Constitución, serán responsables de daños y perjuicios, y perderán sus empleos y todos los derechos a ellos anejos.

Artículo 9.º Si la seguridad del Estado exigiere en circunstancias extraordinarias la suspensión temporal en toda la Monarquía, o en parte de ella, de lo dispuesto en el **Artículo** anterior, se determinará por una ley. Promulgada ésta, el territorio a ella sujeto se regirá durante la suspensión por la ley de Orden público establecida de antemano.

Pero ni en una ni en otra ley se podrá en ningún caso autorizar al Gobierno para extrañar del Reino ni deportar ni desterrar fuera de la Península a los españoles.

Artículo 10. Ningún español puede ser procesado ni sentenciado sino por el juez o tribunal competente, en virtud de leyes anteriores al delito y en la forma que éstas prescriban.

Artículo 11. No se podrá imponer la pena capital por delitos meramente políticos.

Artículo 12. Tampoco se impondrá por ningún delito la pena de confiscación de bienes.

Artículo 13. Ningún español será privado de su propiedad sino por causa justificada de utilidad común, previa la correspondiente indemnización.

Artículo 14. La Nación se obliga a mantener y proteger el culto y los ministros de la religión católica que profesan los españoles.

Pero ningún español ni extranjero podrá ser perseguido por sus opiniones o creencias religiosas, mientras no las manifieste por actos públicos contrarios a la religión.

Título II. De las Cortes

Artículo 15. La potestad de hacer las leyes reside en las Cortes con el Rey.

Artículo 16. Las Cortes se componen de dos Cuerpos Colegisladores iguales en facultades: el Senado y el Congreso de los Diputados.

Título III. Del Senado

Artículo 17. El número de Senadores será igual a las tres quintas partes de los Diputados.

Artículo 18. Los Senadores son elegidos del mismo modo y por los mismos electores que los Diputados a Cortes.

Artículo 19. A cada provincia corresponde nombrar un número de Senadores proporcional a su población; pero ninguna dejará de tener por lo menos un Senador.

Artículo 20. Para ser Senador se requiere: ser español, mayor de cuarenta años y hallarse en uno de los cuatro casos siguientes:

1.º Pagar con dos años de antelación 3.000 reales de contribución directa.

2.º Tener 30.000 reales de renta procedentes de bienes propios.

3.º Disfrutar 30.000 reales de sueldo de un empleo que no se pueda perder legalmente sin previa formación de causa.

4.º Percibir o tener declarado derecho a percibir 30.000 reales anuales por jubilación, retiro o cesantía.

Las fracciones de las cantidades expresadas en los cuatro casos anteriores no pueden acumularse para componer el total requerido.

Artículo 21. Todos los españoles que tengan estas calidades, pueden ser nombrados Senadores por cualquier provincia de la Monarquía.

Artículo 22. Cada vez que se haga elección general de Diputados por haber expirado el término de su encargo, o por haber sido disuelto el Congreso, se renovará por orden de antigüedad la cuarta parte de los Senadores, los cuales podrán ser reelegidos.

Artículo 23. Los hijos del Rey y del inmediato sucesor a la Corona son Senadores a la edad de veinticinco años.

Título IV. Del Congreso de los Diputados

Artículo 24. Cada provincia nombrará un Diputado a lo menos por cada 50.000 almas de su población.

Artículo 25. Los Diputados serán elegidos por tres años, y podrán ser reelegidos indefinidamente.

La elección será directa y por provincias.

Artículo 26. Para ser Diputado se requiere ser español, del estado seglar, haber cumplido veinticinco años y tener las demás circunstancias que exija la ley Electoral.

Artículo 27. Todo español que tenga estas calidades puede ser nombrado Diputado por cualquier provincia.

Título V. De la celebración y facultades de las Cortes

Artículo 28. Las Cortes se reunirán lo más tarde el 1.º de Noviembre todos los años. Corresponde al Rey convocarlas, suspender y cerrar sus sesiones, y disolver el Congreso de los Diputados; pero con la obligación en este último caso de convocar otras Cortes y reunirlas dentro de dos meses.

Artículo 29. Cada año estarán reunidas las Cortes a lo menos cuatro meses consecutivos, contados desde el día en que se constituya el Congreso de los Diputados.

Cuando el Rey suspenda o disuelva las Cortes antes de cumplirse este término, las Cortes nuevamente abiertas estarán reunidas hasta completarle.

En el primer caso previsto en el párrafo anterior, la suspensión de las Cortes en una o más veces no podrá exceder de treinta días.

Artículo 30. Las Cortes se reunirán luego que vacare la Corona o que el Rey se imposibilitare de cualquier modo para el gobierno.

Artículo 31. Cada uno de los Cuerpos Colegisladores forma el respectivo Reglamento para su gobierno interior, y examina la legalidad de las elecciones y las calidades de los individuos que la componen.

Artículo 32. Cada uno de los Cuerpos Colegisladores nombra su Presidente, Vicepresidente y Secretarios.

Artículo 33. El Rey abre y cierra las Cortes en persona o por medio de los Ministros.

Artículo 34. No podrá estar reunido uno de los Cuerpos Colegisladores sin que también lo esté el otro, excepto el caso en que el Senado ejerza funciones judiciales.

Artículo 35. Los Cuerpos Colegisladores no pueden discutir juntos ni deliberar en presencia del Rey.

Artículo 36. Las sesiones del Senado y del Congreso serán públicas, y sólo en los casos que exijan reserva, podrá celebrarse sesión secreta.

Artículo 37. El Rey y cada uno de los Cuerpos Colegisladores tienen la iniciativa de las leyes.

Artículo 38. Las leyes sobre contribuciones y crédito público se presentarán primero al Congreso de los Diputados; y si el Senado sufriera alguna alteración sin que pueda obtenerse avenencia entre los dos Cuerpos, pasará a la Sanción Real lo que aprobase el Congreso definitivamente.

Artículo 39. Las resoluciones en cada uno de los Cuerpos Colegisladores se toman a pluralidad absoluta de votos; pero para votar definitivamente las leyes se requiere la presencia de la mitad más uno del número total de los individuos que le componen.

Artículo 40. Si uno de los Cuerpos Colegisladores desechase algún proyecto de ley o le negase el Rey la sanción, no podrá volverse a proponer otro proyecto de ley sobre el mismo objeto en aquella legislatura.

Artículo 41. Además de la potestad legislativa que ejercen las Cortes con el Rey, les pertenecen las facultades siguientes:

1.ª Recibir al Rey, al inmediato sucesor a la Corona, y a la Regencia o Regente del Reino, el juramento de guardar la Constitución y las leyes,

2.ª Resolver cualquiera duda de hecho o de derecho que ocurra en orden a la sucesión a la Corona.

3.ª Elegir Regente o Regencia del Reino, y nombrar tutor al Rey menor, cuando lo previene la Constitución.

4.ª Hacer efectiva la responsabilidad de los Ministros, los cuales serán acusados por el Congreso y juzgados por el Senado.

Artículo 42. El Congreso de los Diputados nombra los Ministros del Tribunal de Cuentas.

No pueden ser nombrados Ministros de este Tribunal los Diputados, aunque con anterioridad hayan renunciado sus cargos.

El mismo Tribunal propone al Rey, para su nombramiento, sus contadores y dependientes.

Artículo 43. Los Senadores y los Diputados son inviolables por sus opiniones y votos en el ejercicio de su encargo.

Artículo 44. Los Senadores y los Diputados no podrán ser procesados ni arrestados durante las sesiones, sin permiso del respectivo Cuerpo Colegislador, a no ser hallados in fraganti; pero en este caso, y en el de ser procesados o arrestados cuando estuvieren cerradas las Cortes, se dará cuanta lo más pronto posible al respectivo Cuerpo para su conocimiento y resolución, sin la cual no se podrá nunca dictar sentencia.

Artículo 45. No podrá el Gobierno obligar a ningún Senador ni Diputado, cualquiera que sea la clase a que pertenezca, a aceptar ninguna comisión o empleo que le impida la asistencia a las Cortes.

Los Senadores o Diputados empleados no necesitan del permiso del Gobierno para concurrir al Cuerpo a que pertenezcan.

Artículo 46. Los Diputados y Senadores que admitan del Gobierno o de la Casa Real empleo, comisión con sueldo, honores o condecoraciones, quedan sujetos a reelección.

Exceptúanse de esta disposición los que sean nombrados Ministros de la Corona.

Artículo 47. Habrá una Diputación permanente de Cortes, compuesta de cinco Diputados y cuatro Senadores que, cuando las Cortes no estén reunidas, velará por la observancia de la Constitución y por la seguridad individual, y convocará las Cortes sólo en los casos siguientes:

1.º Cuando vacare la Corona.

2.º Cuando el Rey se imposibilitare para el gobierno.

3.º Cuando se mande exigir alguna contribución o préstamo que no esté aprobado por la ley de Presupuestos u otra especial.

4.º Cuando suspendidas en una o más provincias las garantías establecidas en el art. 8.º dejase el Rey de convocarlas.

Título VI. El Rey

Artículo 48. La persona del Rey es sagrada e inviolable, y no está sujeta a responsabilidad. Son responsables los Ministros.

Artículo 49. La potestad de hacer ejecutar las leyes reside en el Rey, y su autoridad se extiende a todo cuanto conduce a la conservación del orden público en lo interior, y a la seguridad del Estado en lo exterior, conforme a la Constitución y a las leyes.

Artículo 50. El Rey sanciona y promulga las leyes.

Artículo 51. La dotación del Rey y de su familia se fijará por las Cortes al principio de cada reinado.

Artículo 52. Además de las prerrogativas que la Constitución señala al Rey, le corresponde:

1.º Expedir los decretos, reglamentos e instrucciones que sean conducentes para la ejecución de las leyes.

2.º Cuidar de que en todo el Reino se administre pronta y cumplidamente la justicia.

3.º Declarar la guerra y hacer y ratificar la paz, dando después cuenta documentada a las Cortes.

4.º Disponer de la fuerza armada, distribuyéndola como más convenga.

5.º Dirigir las relaciones diplomáticas y comerciales con las demás potencias.

6.º Cuidar de la fabricación de la moneda, en la que se pondrá su busto y nombre.

7.º Decretar la inversión de los fondos destinados a cada uno de los ramos de la Administración pública.

8.º Nombrar todos los empleados públicos, y conceder honores y distinciones de todas clases, con arreglo a las leyes.

9.º Nombrar y separar libremente a los Ministros.

10. Indultar a los delincuentes con arreglo a las leyes, sin que pueda conceder indultos generales.

Tampoco podrá indultar a ningún Ministro a quien se haya exigido la responsabilidad por las Cortes, sino a petición de uno de los Cuerpos Colegisladores.

Artículo 53. El Rey necesita estar autorizado por una ley especial:

1.º Para enajenar, ceder o permutar cualquier parte del territorio español.

2.º Para admitir tropas extranjeras en el Reino.

3.º Para ratificar los tratados de alianza ofensiva; los especiales de comercio, y los que estipulen dar subsidios a alguna potencia extranjera.

4.º Para conceder amnistía.

5.º Para ausentarse del Reino.

6.º Para contraer matrimonio y para permitir que lo contraigan los que sean súbditos suyos y estén llamados por la Constitución a suceder en el Trono.

7.º Para abdicar la Corona en su inmediato sucesor.

8.º Para enajenar en todo o en parte los bienes del patrimonio de la Corona.

Artículo 54. Habrá un Consejo de Estado, al que oirá el Rey en los casos que determinen las leyes.

Título VII. De la sucesión a la Corona

Artículo 55. La Reina legítima de las Españas es Doña Isabel II de Borbón.

Artículo 56. La sucesión en el Trono de las Españas será según el orden regular de primogenitura y representación, prefiriendo siempre la línea anterior a las posteriores; en la misma línea, el grado más próximo al más remoto; en el mismo grado, el varón a la hembra; y en el mismo sexo, la persona de más edad a la de menos.

Artículo 57. Extinguidas las líneas de los descendientes legítimos de Doña Isabel II de Borbón, sucederán, por el orden que queda establecido, su hermana y los tíos, hermanos de su padre, así varones como hembras, y sus legítimos descendientes, si no estuvieren excluidos.

Artículo 58. Las Cortes excluirán de la sucesión aquellas personas que sean incapaces para gobernar o hayan hecho cosa por que merezcan perder el derecho a la Corona. Igual facultad tendrán para excluir de la sucesión en la tutela del Rey a las personas que se hallen comprendidas en cualquiera de los dos casos anteriores expresados.

Artículo 59. Cuando reine una hembra, su marido no tendrá parte ninguna en el gobierno del Reino.

Título VIII. De la menor edad del Rey, y de la Regencia

Artículo 60. El Rey es menor de edad hasta cumplir catorce años.

Artículo 61. Cuando el Rey se imposibilitare para ejercer su autoridad, y la imposibilidad fuere reconocida por las Cortes; o cuando vacare la Corona, siendo de menor edad el inmediato sucesor, nombrarán las Cortes para gobernar el Reino una Regencia compuesta de una, tres o cinco personas.

Artículo 62. Hasta que las Cortes nombren la Regencia, será gobernado el Reino provisionalmente por el padre o la madre del Rey con el Consejo de Ministros que hubiere al tiempo de la vacante. En defecto del padre o de la madre, gobernará provisionalmente el Consejo de Ministros.

Artículo 63. La Regencia ejercerá toda la autoridad del Rey, en cuyo nombre se publicarán los actos del Gobierno.

Artículo 64. Será tutor del Rey menor la persona que en su testamento hubiere nombrado el Rey difunto, siempre que sea español de nacimiento; si no le hubiere nombrado, será tutor el padre o la madre mientras permanezcan viudos. En su defecto le nombrarán las Cortes, pero no podrán estar reunidos los encargos de Regente y de tutor del Rey sino en el padre o la madre de éste.

Título IX. De los Ministros

Artículo 65. Todo lo que el Rey mandare o dispusiere en el ejercicio de su autoridad, será firmado por el Ministro a quien corresponda, y ningún funcionario público dará cumplimiento a lo que carezca de este requisito.

Artículo 66. Los Ministros pueden ser Senadores o Diputados, y tomar parte en las discusiones de ambos Cuerpos Colegisladores; pero sólo tendrán voto en aquel a que pertenezcan.

Título X. Del Poder Judicial

Artículo 67. A los Tribunales y Juzgados pertenece exclusivamente la potestad de aplicar las leyes en los juicios civiles y criminales, sin que puedan ejercer otras funciones que las de juzgar y hacer que se ejecute lo juzgado.

Artículo 68. Las leyes determinarán los Tribunales y Juzgados que ha de haber, la organización de cada uno, sus facultades, el modo de ejercerlas y las calidades que han de tener sus individuos.

Artículo 69. Los juicios en materias criminales serán públicos, en la forma que determinen las leyes.

Artículo 70. Ningún magistrado o juez podrá ser depuesto de su destino sino por sentencia ejecutoria, ni suspendido sino por auto judicial o en virtud de orden del Rey, cuando éste, con motivos fundados, le mande juzgar por el Tribunal competente. Las bases de la ley orgánica de Tribunales determinarán los casos y la forma en que gubernativa y disciplinariamente podrán los magistrados y jueces ser trasladados, jubilados y declarados cesantes.

Artículo 71. Los jueces son responsables personalmente de toda infracción de ley que cometan.

Artículo 72. La justicia se administra en nombre del Rey.

Artículo 73. Las leyes determinarán la época y el modo en que ha de establecerse el juicio por jurados para toda clase de delitos, y cuantas garantías sean eficaces para impedir los atentados contra la seguridad individual de los españoles.

Título XI. De las Diputaciones provinciales y de los Ayuntamientos

Artículo 74. En cada provincia habrá una Diputación compuesta del número de individuos que determine la ley, nombrados por los mismos electores que los Diputados a Cortes. Estas Corporaciones entenderán en todos los negocios de interés peculiar de las respectivas provincias, y en los municipales que determinen las leyes.

Artículo 75. Para el gobierno interior de los pueblos no habrá más que Ayuntamientos, compuestos de alcaldes y regidores, nombrados unos y otros directa e inmediatamente por los vecinos que paguen contribución directa para los gastos generales, provinciales o municipales, en la cantidad que, conforme a la escala de población, establezca la ley.

Artículo 76. La ley determinará la organización y atribuciones de las Diputaciones provinciales y de los Ayuntamientos.

Artículo 77. Los Ayuntamientos formarán las listas electorales para Diputados a Cortes, y las rectificarán las Diputaciones provinciales, con intervención precisa del Gobernador civil, dentro de los términos y con arreglo a los trámites que prescribe la ley.

Los individuos de estas Corporaciones y los funcionarios públicos de todas clases que cometan abusos, faltas o delitos en la formación de las listas o en cualquier otro acto electoral, podrán ser acusados por acción popular, y juzgados sin necesidad de autorización del Gobierno.

Las listas electorales serán permanentes.

Título XII. De las contribuciones

Artículo 78. El año económico empieza el día 1.º de julio.

Artículo 79. Todos los años, dentro de los ocho días siguientes a la constitución del Congreso, en el período de los cuatro meses consecutivos que estarán reunidas las Cortes, al tenor de lo propuesto en el art. 29, presentará el Gobierno el presupuesto general de gastos e ingresos del Estado para el inmediato año económico, como también las cuentas de la recaudación e inversión de los fondos públicos del penúltimo año, para su examen y aprobación.

Artículo 80. El presupuesto será precisamente discutido y votado dentro del mencionado período de los cuatro meses.

Artículo 81. No puede el Gobierno, ni las Diputaciones provinciales, ni los Ayuntamientos, ni autoridad alguna, exigir ni cobrar, ni los pueblos están obligados a pagar, ninguna contribución ni arbitrio que no esté aprobado por ley expresa.

Los contribuyentes que apronten el todo o parte de sus cuotas ilegalmente exigidas, sin ser apremiados o ejecutados, perderán los que hubieren entregado, quedando a beneficio del Tesoro público.

Los Ministros, Corporaciones y funcionarios públicos que a esto faltaren, y los empleados que obedecieren o transmitieren sus órdenes, o intervinieren en la exacción de cantidades no aprobadas por las Cortes, perderán sus empleos y todos los derechos a ellos anejos, además de incurrir en las penas que se les impongan como infractores de la Constitución.

Artículo 82. También se necesita la autorización de una ley para disponer de las propiedades del Estado, y para tomar caudales a préstamo sobre el crédito de la Nación.

Artículo 83. La Deuda pública está bajo la salvaguardia especial de la Nación.

Título XIII. De la fuerza militar nacional

Artículo 84. Las Cortes fijarán todos los años, a propuesta del Rey, la fuerza militar de mar y tierra.

Las leyes que determinen esta fuerza se votarán antes que la de Presupuestos.

Artículo 85. Habrá en cada provincia cuerpos de Milicia Nacional, cuya organización y servicio se arreglará por una ley. El Rey podrá, en caso necesario, disponer de esta fuerza dentro de la respectiva provincia, pero no fuera de ella sin otorgamiento de las Cortes.

Título XIV. Del gobierno de las provincias de Ultramar

Artículo 86. Las provincias de Ultramar serán gobernadas por leyes especiales.

Título XV. De la reforma de la Constitución

Artículo 87. Las Cortes con el Rey tienen la facultad de declarar que ha lugar a revisar la Constitución, designando al propio tiempo el **Artículo** o **Artículo**s que hayan de modificarse.

Artículo 88. Hecha esta declaración, el Rey disolverá inmediatamente el Senado y el Congreso de los Diputados, y en la convocatoria de las nuevas Cortes, que se han de reunir dentro de dos meses, se insertará textualmente la resolución prescrita en el **Artículo** anterior.

Artículo 89. Las nuevas Cortes serán Constituyentes, única y exclusivamente para decretar la reforma.

Artículo 90. Para votar estas Cortes cualquier resolución relativa a la reforma, se requiere la presencia en cada uno de los Cuerpos Colegisladores de las dos terceras partes de los individuos que le componen.

Artículo 91. Votada de común acuerdo en los Cuerpos Colegisladores la reforma, si ha lugar, el **Artículo** o **Artículo**s modificados hacen parte de la Constitución; y las Cortes podrán continuar sus sesiones en calidad de ordinarias.

Artículo 92. Son parte integrante de la Constitución, considerándose para su reforma y todos sus efectos como **Artículo**s constitucionales, las bases de las leyes orgánicas siguientes:

1.ª Le ley Electoral.
2.ª La de Relaciones entre los dos Cuerpos Colegisladores.

3.ª La del Consejo de Estado.

4.ª La de Gobierno y administración provincial y municipal.

5.ª La de organización de los Tribunales.

6.ª La de Imprenta.

7.ª La de Milicia Nacional.

Libros a la carta

A la carta es un servicio especializado para
empresas,
librerías,
bibliotecas,
editoriales
y centros de enseñanza;
y permite confeccionar libros que, por su formato y concepción, sirven a los propósitos más específicos de estas instituciones.

Las empresas nos encargan ediciones personalizadas para marketing editorial o para regalos institucionales. Y los interesados solicitan, a título personal, ediciones antiguas, o no disponibles en el mercado; y las acompañan con notas y comentarios críticos.

Las ediciones tienen como apoyo un libro de estilo con todo tipo de referencias sobre los criterios de tratamiento tipográfico aplicados a nuestros libros que puede ser consultado en Linkgua-ediciones.com.

Linkgua edita por encargo diferentes versiones de una misma obra con distintos tratamientos ortotipográficos (actualizaciones de carácter divulgativo de un clásico, o versiones estrictamente fieles a la edición original de referencia).

Este servicio de ediciones a la carta le permitirá, si usted se dedica a la enseñanza, tener una forma de hacer pública su interpretación de un texto y, sobre una versión digitalizada «base», usted podrá introducir interpretaciones del texto fuente. Es un tópico que los profesores denuncien en clase los desmanes de una edición, o vayan comentando errores de interpretación de un texto y esta es una solución útil a esa necesidad del mundo académico.

Asimismo publicamos de manera sistemática, en un mismo catálogo, tesis doctorales y actas de congresos académicos, que son distribuidas a través de nuestra Web.

El servicio de «libros a la carta» funciona de dos formas.

1. Tenemos un fondo de libros digitalizados que usted puede personalizar en tiradas de al menos cinco ejemplares. Estas personalizaciones pueden ser de todo tipo: añadir notas de clase para uso de un grupo de estudiantes, introducir logos corporativos para uso con fines de marketing empresarial, etc. etc.

2. Buscamos libros descatalogados de otras editoriales y los reeditamos en tiradas cortas a petición de un cliente.

www.ingramcontent.com/pod-product-compliance
Lightning Source LLC
Chambersburg PA
CBHW021357160726
47994CB00007B/2992